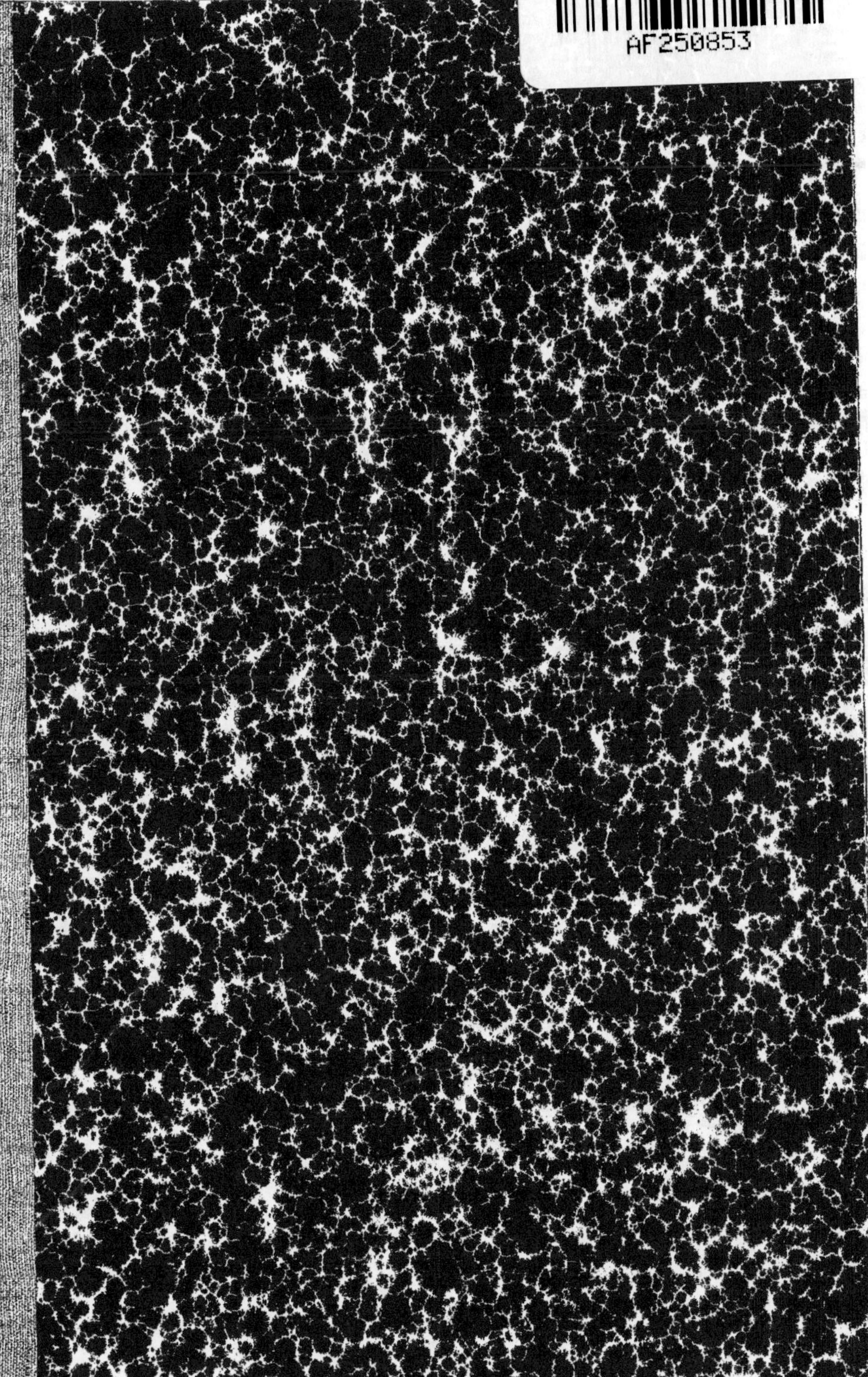

AL-ACHOURA

PAR

WASHINGTON ABBATE

(CROQUIS DE L'AUTEUR)

LE CAIRE

IMPRIMERIE FRANCO-ÉGYPTIENNE

—

1888

# AL-ACHOURA

Tous les ans, à la même date (10 mouharram), les persans, musulmans du rite Chiite, célèbrent l'anniversaire de la mort de Hussein fils d'Aly, lâchement assassiné par Yazid, fils du khalife Mouàwiah; cette cérémonie s'appelle *Al-Achoura* (par corruption du mot achara, *dix*) parce qu'elle tombe à jour fixe.

Trompés par le quantième du mois, nous prenons le 9 mouharram pour le 10. Arrivés devant la mosquée de *Saïedna-l-Hussein*, située près du *Khan-Oul-Khalil*, on nous dit que la fête aura lieu demain soir 10 mouharram, mais que nous pouvions assister, pour ce soir, à la cérémonie préliminaire qui a lieu dans le tékieh des persans lequel se trouve dans une des maisons situées près du *Beït-el-Mal*.

Une fois là, nous pénétrons dans une grande cour, dont les murs sont tendus de draps noirs. Mille lumières l'éclairent; de ci de là, des bancs chargés de fidèles; un *mambar*, dont les marches sont recouvertes de châles de cachemire, se dresse à droite; à gauche, un grand escalier conduisant dans trois vastes salles où sont dressées des tables richement servies qui attendent les invités : Monsieur tout le monde ... pendant ce temps, le fakih monte sur la tribune, le mambar, et ra-

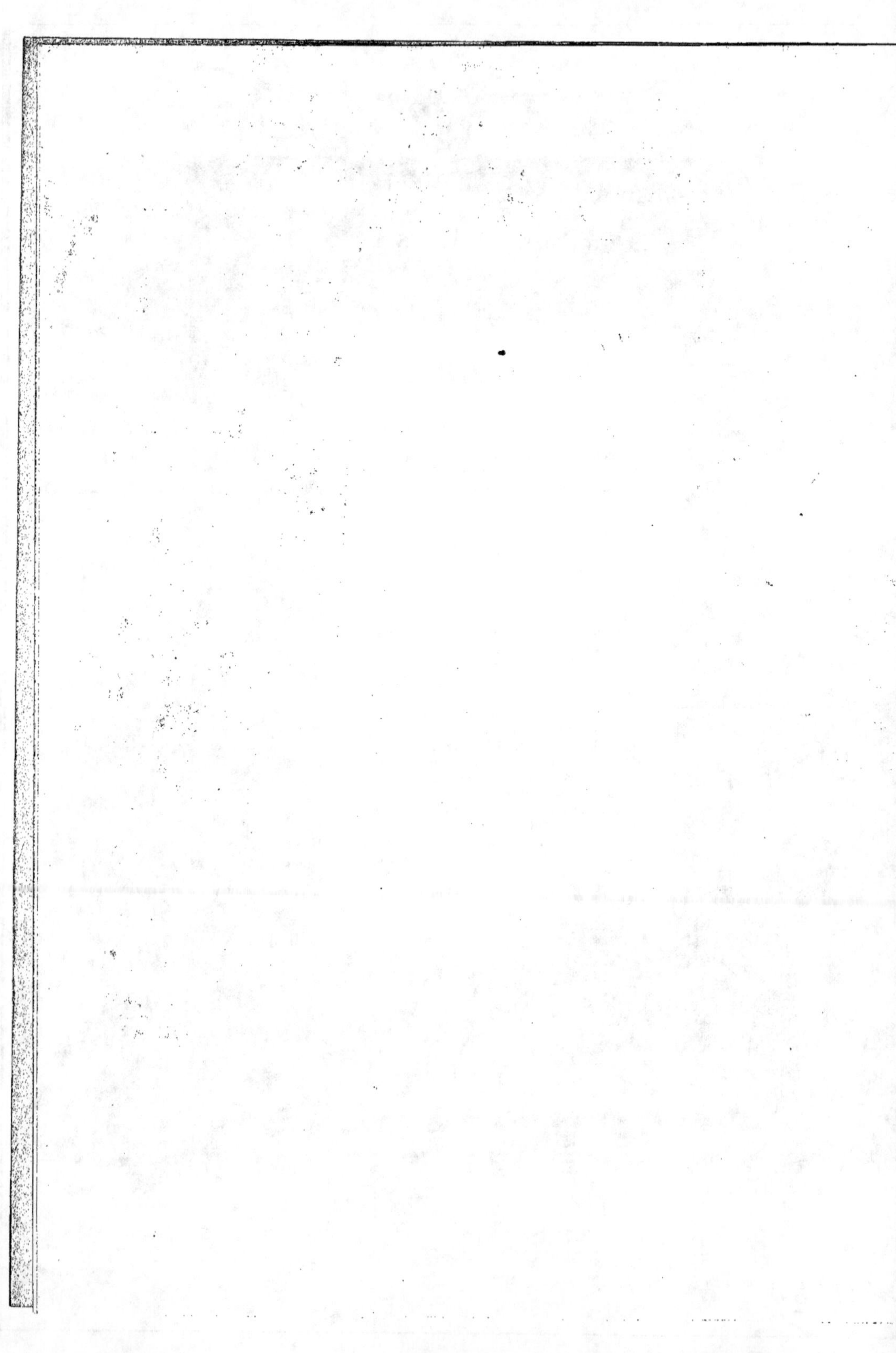

conte la *passion* de Hussein, d'abord d'une voix lente, puis il s'échauffe en parlant de la lutte qu'eût à soutenir Hussein; et, enfin, se frappant la poitrine, avec des larmes dans la voix et de vraies larmes sur ses joues, il enlève son auditoire, surtout au moment où il dit comment Hussein, blessé à mort, eût à souffrir d'une soif ardente.....demandant par charité une goutte d'eau qu'on lui refuse ! Alors, tout l'auditoire de pleurer comme un seul homme, des larmes amères et sincères. De grands gaillards velus et barbus pleurent comme des femmes, en se frappant, qui la poitrine, qui le front. Un instant encore et les pleurs cessent, le fakih chantonne sa prière. «La Ilaha, Illallha : — » à ce fakih succède un autre, persan celui-ci, plus farouche et moins fin que l'arabe, il entre vivement en matière, brusquement, sans ménager, comme le précédent, les transitions nécessaires; c'est un militant sans doute, sa voix est brève, dure et sa phrase mordante, incisive. Pour faire pleurer, il pleure, lui-même, non pas avec des accents émus, mais plutôt de colère, ou encore mieux, de rage qu'il ne sait pas réprimer.

Et l'histoire de cette passion est racontée par d'autres orateurs se succédant les uns les autres, avec autant de fioritures que comporte l'imagination orientale surchauffée par la foi. Ces chants lugubres, ces psalmodies énervantes, ces phrases, répétées de

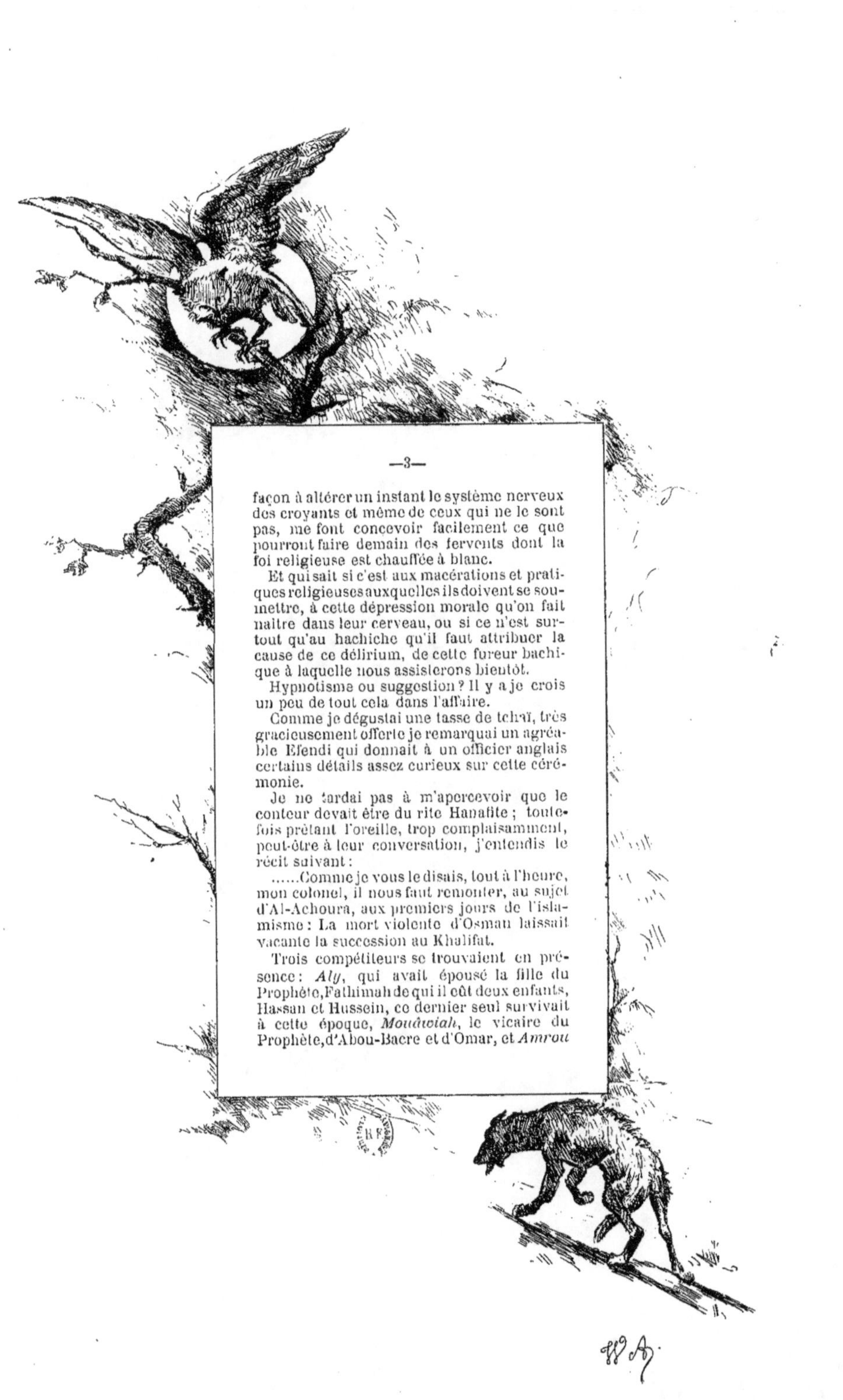

façon à altérer un instant le système nerveux des croyants et même de ceux qui ne le sont pas, me font concevoir facilement ce que pourront faire demain des fervents dont la foi religieuse est chauffée à blanc.

Et qui sait si c'est aux macérations et pratiques religieuses auxquelles ils doivent se soumettre, à cette dépression morale qu'on fait naître dans leur cerveau, ou si ce n'est surtout qu'au hachiche qu'il faut attribuer la cause de ce délirium, de cette fureur bachique à laquelle nous assisterons bientôt.

Hypnotisme ou suggestion ? Il y a je crois un peu de tout cela dans l'affaire.

Comme je dégustai une tasse de tchaï, très gracieusement offerte je remarquai un agréable Efendi qui donnait à un officier anglais certains détails assez curieux sur cette cérémonie.

Je ne tardai pas à m'apercevoir que le conteur devait être du rite Hanafite ; toutefois prêtant l'oreille, trop complaisamment, peut-être à leur conversation, j'entendis le récit suivant :

......Comme je vous le disais, tout à l'heure, mon colonel, il nous faut remonter, au sujet d'Al-Achoura, aux premiers jours de l'islamisme : La mort violente d'Osman laissait vacante la succession au Khalifat.

Trois compétiteurs se trouvaient en présence : *Aly*, qui avait épousé la fille du Prophète, Fathimah de qui il eût deux enfants, Hassan et Hussein, ce dernier seul survivait à cette époque, *Mouâwiah*, le vicaire du Prophète, d'Abou-Bacre et d'Omar, et *Amrou*

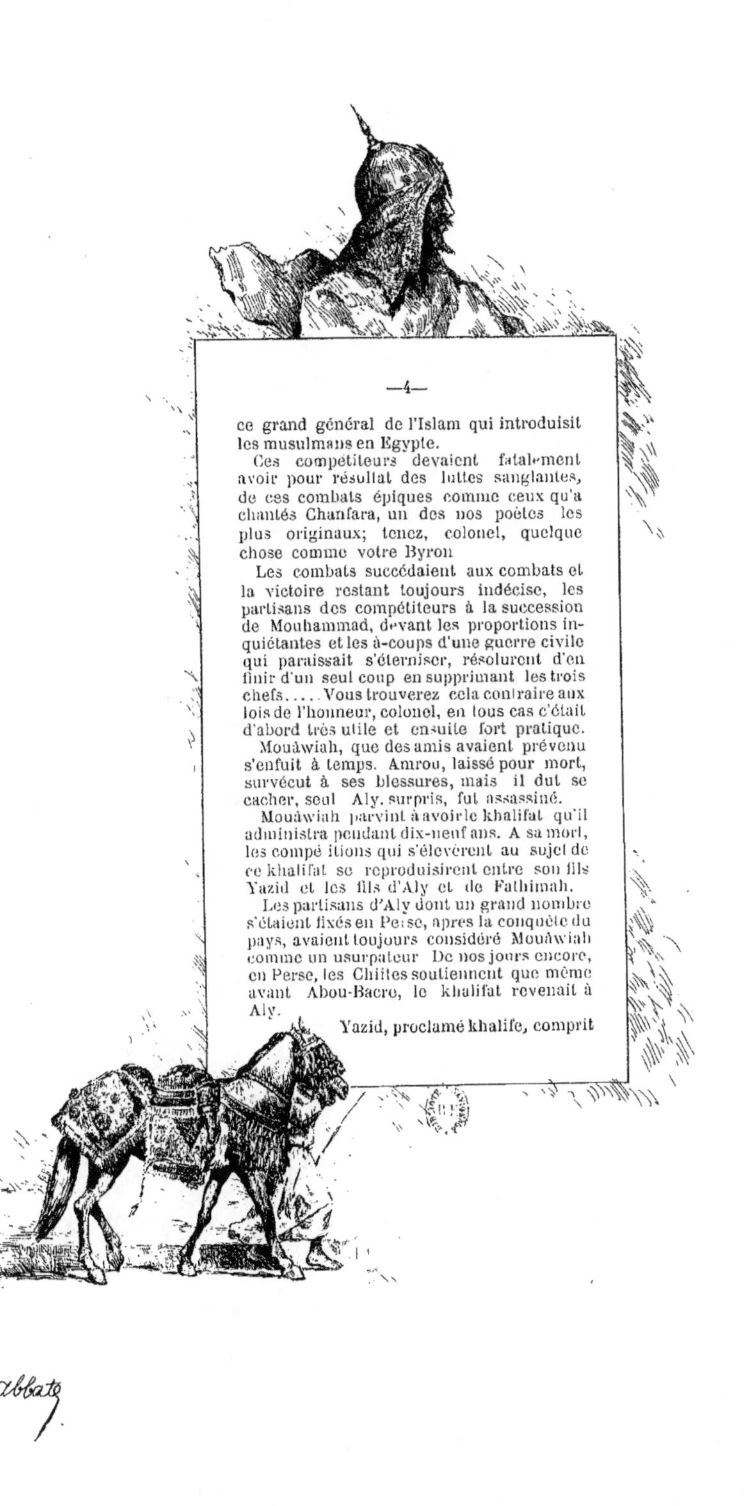

ce grand général de l'Islam qui introduisit les musulmans en Egypte.

Ces compétiteurs devaient fatalement avoir pour résultat des luttes sanglantes, de ces combats épiques comme ceux qu'a chantés Chanfara, un des nos poètes les plus originaux; tenez, colonel, quelque chose comme votre Byron

Les combats succédaient aux combats et la victoire restant toujours indécise, les partisans des compétiteurs à la succession de Mouhammad, devant les proportions inquiétantes et les à-coups d'une guerre civile qui paraissait s'éterniser, résolurent d'en finir d'un seul coup en supprimant les trois chefs..... Vous trouverez cela contraire aux lois de l'honneur, colonel, en tous cas c'était d'abord très utile et ensuite fort pratique.

Mouâwiah, que des amis avaient prévenu s'enfuit à temps. Amrou, laissé pour mort, survécut à ses blessures, mais il dut se cacher, seul Aly, surpris, fut assassiné.

Mouâwiah parvint à avoir le khalifat qu'il administra pendant dix-neuf ans. A sa mort, les compétitions qui s'élevèrent au sujet de ce khalifat se reproduisirent entre son fils Yazid et les fils d'Aly et de Fathimah.

Les partisans d'Aly dont un grand nombre s'étaient fixés en Perse, après la conquête du pays, avaient toujours considéré Mouâwiah comme un usurpateur De nos jours encore, en Perse, les Chiites soutiennent que même avant Abou-Bacre, le khalifat revenait à Aly.

      Yazid, proclamé khalife, comprit

—5—

que, afin d'affirmer son
autorité, il devait avant
tout se défaire d'un rival
gênant, car les droits de
Hussein étaient beaucoup
plus légitimes que les
siens propres.

Ainsi le 10 Mouharram
an 58 de l'hégire qui cor-
respond........ à l'an 680
de notre ère.

Oui, c'est ça, colonel,..
Hussein fût-il assassiné.

Il est un détail, colonel,
que vous ne connaissez pas sans doute ;
ainsi, depuis le commencement du mois de
Mouharram, des Musulmans Chiites, portant
sur la tête des corbeilles tressées en feuilles de palmiers parcourent certains quar-
tiers du Caire.

Dans ces corbeilles sont disposées, d'une
façon symétrique, différentes feuilles et
plantes sèches, contenant et contenu se
nomment Boukhour (encens). Les porteurs
de la corbeille s'arrêtant devant chaque
maison répètent à plusieurs reprises cette
phrase qui, paraît-il, est un souhait :—Bouk-
hour-El-Achoura-l-Moubaraca

Les femmes, semble-t-il, attachent à ce
souhait une réputation de panacée univer-
selle, à la condition toutefois qu'au moment
où ce souhait est prononcé, le porteur du
boukhour fasse flamber une des fleurs ou

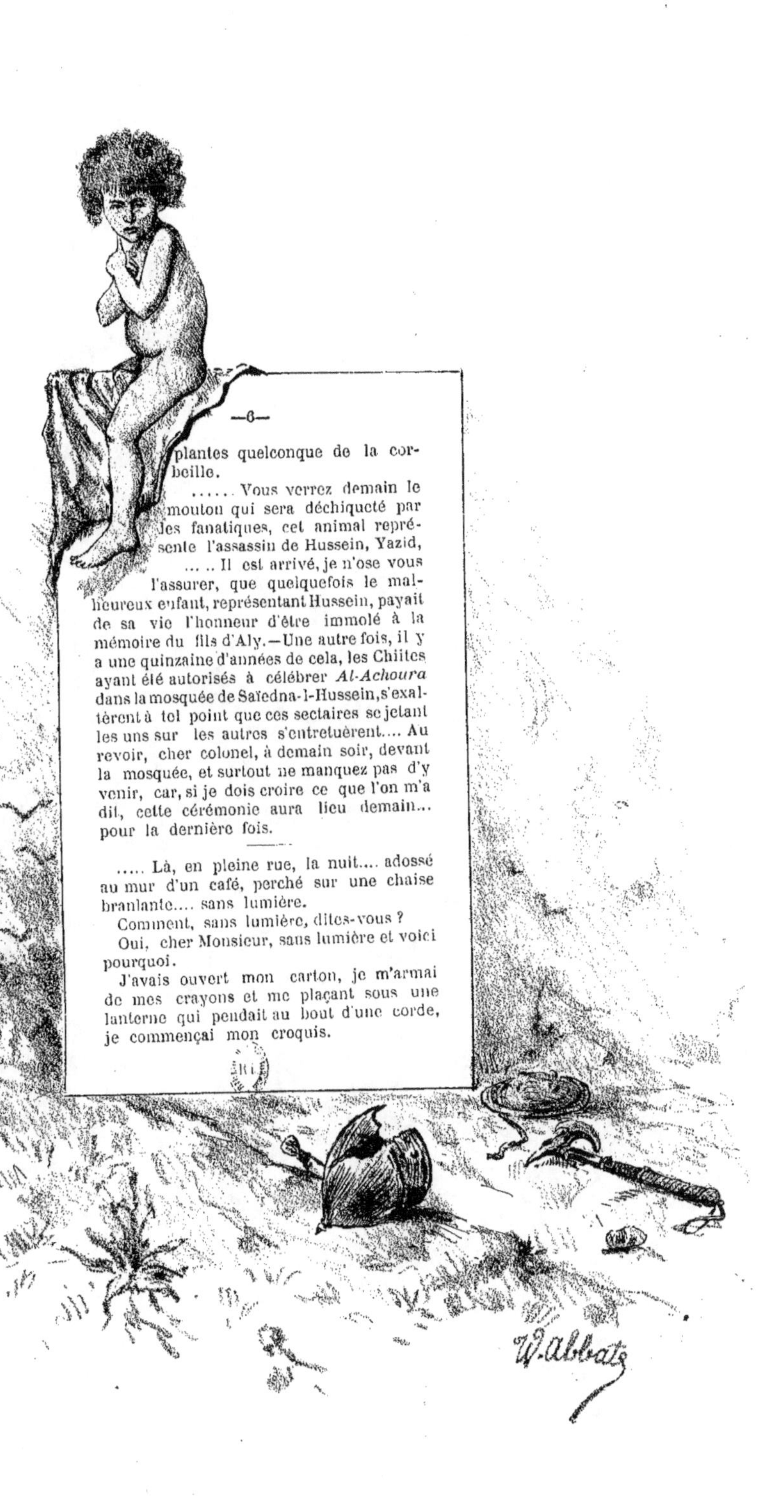

plantes quelconque de la corbeille.

...... Vous verrez demain le
mouton qui sera déchiqueté par
les fanatiques, cet animal repré-
sente l'assassin de Hussein, Yazid,
... .. Il est arrivé, je n'ose vous
l'assurer, que quelquefois le mal-
heureux enfant, représentant Hussein, payait
de sa vie l'honneur d'être immolé à la
mémoire du fils d'Aly.—Une autre fois, il y
a une quinzaine d'années de cela, les Chiites
ayant été autorisés à célébrer *Al-Achoura*
dans la mosquée de Saïedna-l-Hussein, s'exal-
tèrent à tel point que ces sectaires se jetant
les uns sur les autres s'entretuèrent.... Au
revoir, cher colonel, à demain soir, devant
la mosquée, et surtout ne manquez pas d'y
venir, car, si je dois croire ce que l'on m'a
dit, cette cérémonie aura lieu demain...
pour la dernière fois.

..... Là, en pleine rue, la nuit.... adossé
au mur d'un café, perché sur une chaise
branlante.... sans lumière.

Comment, sans lumière, dites-vous ?

Oui, cher Monsieur, sans lumière et voici
pourquoi.

J'avais ouvert mon carton, je m'armai
de mes crayons et me plaçant sous une
lanterne qui pendait au bout d'une corde,
je commençai mon croquis.

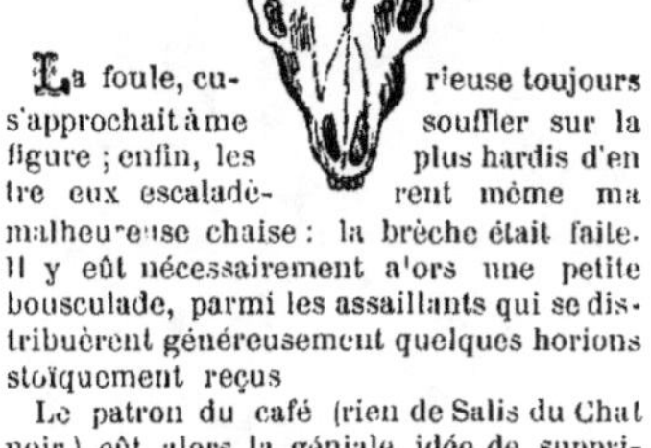

La foule, cu- rieuse toujours s'approchait à me souffler sur la figure ; enfin, les plus hardis d'en tre eux escaladè- rent même ma malheureuse chaise : la brèche était faite. Il y eût nécessairement a'ors une petite bousculade, parmi les assaillants qui se distribuèrent généreusement quelques horions stoïquement reçus

Le patron du café (rien de Salis du Chat noir) eût alors la géniale idée de supprimer le coupable, la malheureuse lanterne et crac, bonsoir.. je me trouvai plongé dans les plus noires ténèbres, juste au beau milieu de mon croquis !

Je rageai... un instant de raison. Me souvenant du bon Lafontaine, ce grand consolateur des affligés, lui qui prête pius de raison aux bêtes qu'aux hommes, je songeai à ces vers :

> Patience et longueur de temps
> Font plus que force ni que rage.

..... et je patientai.

Enfin un garde de police se plaça près de moi et de l'autre côté vint s'asseoir un efendi turc, charmant homme, (ils sont tous comme ça les turcs, quand ils le veulent) la complaisance personnifiée.

Flanqué de ces deux personnages, mes anges gardiens d'une heure, je me livrai comme jadis le Christ au Golgotha entre

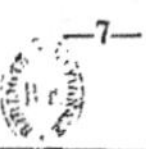

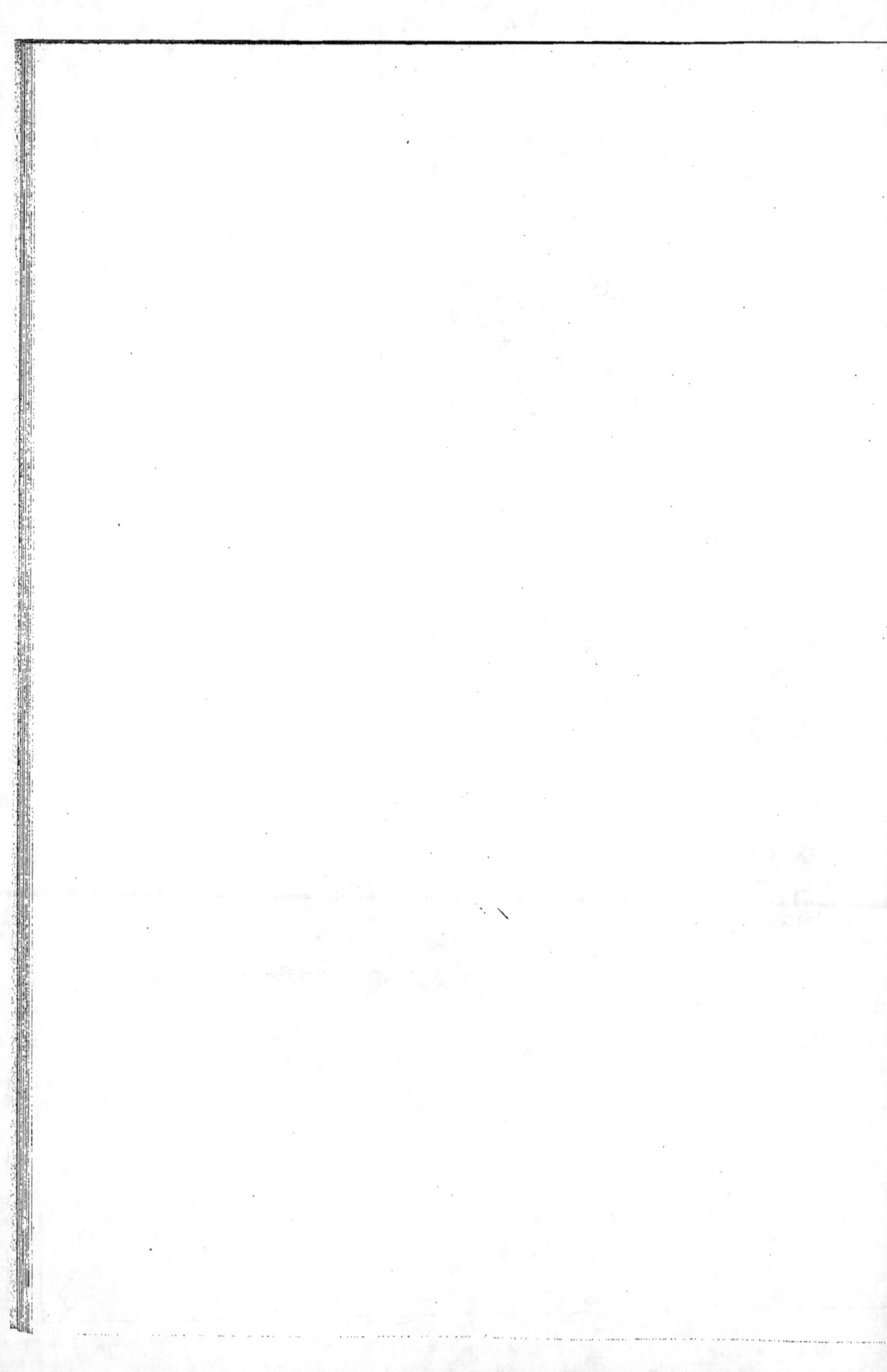

deux larrons, à de bien amères réflexions
sur les vicissitudes des choses humaines
en général et des beaux-arts en particulier.

Je tournai mes crayons entre mes doigts
avec les airs tristes d'un chasseur qui pres-
sent de rentrer bredouille ; j'approchai mon
carton sous mon nez, le penchant de façon
à accrocher au vol les quelques reflets des
lumignons fumeux des marchands ambu-
lants qui passaient en pressant le pas...

Découragé, j'allai plier bagage maugréant
toutes sortes de villenies entre mes dents,
roulant des yeux qui devaient être farouches,
lorsque mon larron de droite (le bon, sans
doute, m'arrêta par le bras, tira du gousset
de son gilet une boîte d'allumettes bougies
(rien de la régie de France) en alluma une en
me disant d'un ton sec : *irsim !* (dessine).

Et le brave homme usant toute sa boîte,
fut ce soir là mon meilleur collaborateur...

La rouge théorie des Chiites, de blanc
habillés, grimaçante, passa devant nous, hor-
rible, hurlante, appelant Hussein, Hussein,
agitant des yatagans, froissant des épées, se
tailladant le crâne avec de grands coutelas,
et toutes ces lames brillantes lançaient des
éclairs aux gerbes de feux des machallahs

Cependant qu'un cheval richement harna-
ché portant sur sa selle les armes de Hussein:
un casque aux fines ciselures, un sabre à
poignée d'onyx, et une dague niellée d'or
et d'argent,—passe, tenu par la bride, et
que deux enfants, tête nue, le front ruisselant
de sang, armés de coutelas qu'ils brandissent
frénétiquement et montés sur des chevaux
dont les selles, orfévrées comme des châsses,

miroitent dans l'ombre,—crient de leurs voix
enfantines, entre-coupées par les rigoles
sanguinolentes qui coulent de leur front
jusqu'à leurs lèvres :....... Hussein, Hussein.

Et là-bas... là-bas, en arrière, le rythme
cadencé des Chiites frappeurs sert de mesure
aux coups dont ils se frappent la poitrine.....

Comme un long bourdonnement de frelon,
la prière des croyants, planant sur cette
scène de Sabbat, se psalmodie au lointain,
montant lentement au ciel avec la fumée
des torchères qui accrochent leurs sinistres
lueurs aux arêtes saillantes de la Mosquée
de Hussein....

Et puis la nuit, et la fumée épaisse des
torches rendant la nuit plus noire encore.

La procession venait de passer avec la
rapidité d'une vision mais persistant dans
mes yeux étonnés comme un cauchemar,
étrangement hideuse comme un rêve d'o-
pium.

Il était dix heures.. la lune se levait. Hâtant
le pas à travers les sombres venelles du
quartier arabe mon pied glisse sur le ventre
d'un chien qui répond par un grognement
peu rassurant.

Etait-ce un des chiens oubliés de la meute
d'Hécate ? Cette Diane sinistre des ténèbres,
cette déesse des enfers, fille de Latone, ne
venait-elle pas d'abreuver sa meute hurlante
dans des mares de sang ?

N'était-ce pas à une scène infernale que
nous venions d'assister ?

Muets d'étonnement, à nos oreilles bour-
donnaient encore la psalmodie des Chiites,
le cliquetis des sabres s'entrechoquant, les
hurlements des sectateurs, cependant que
nos yeux étaient comme aveuglés par cette
apparition soudaine de la lumière rouge

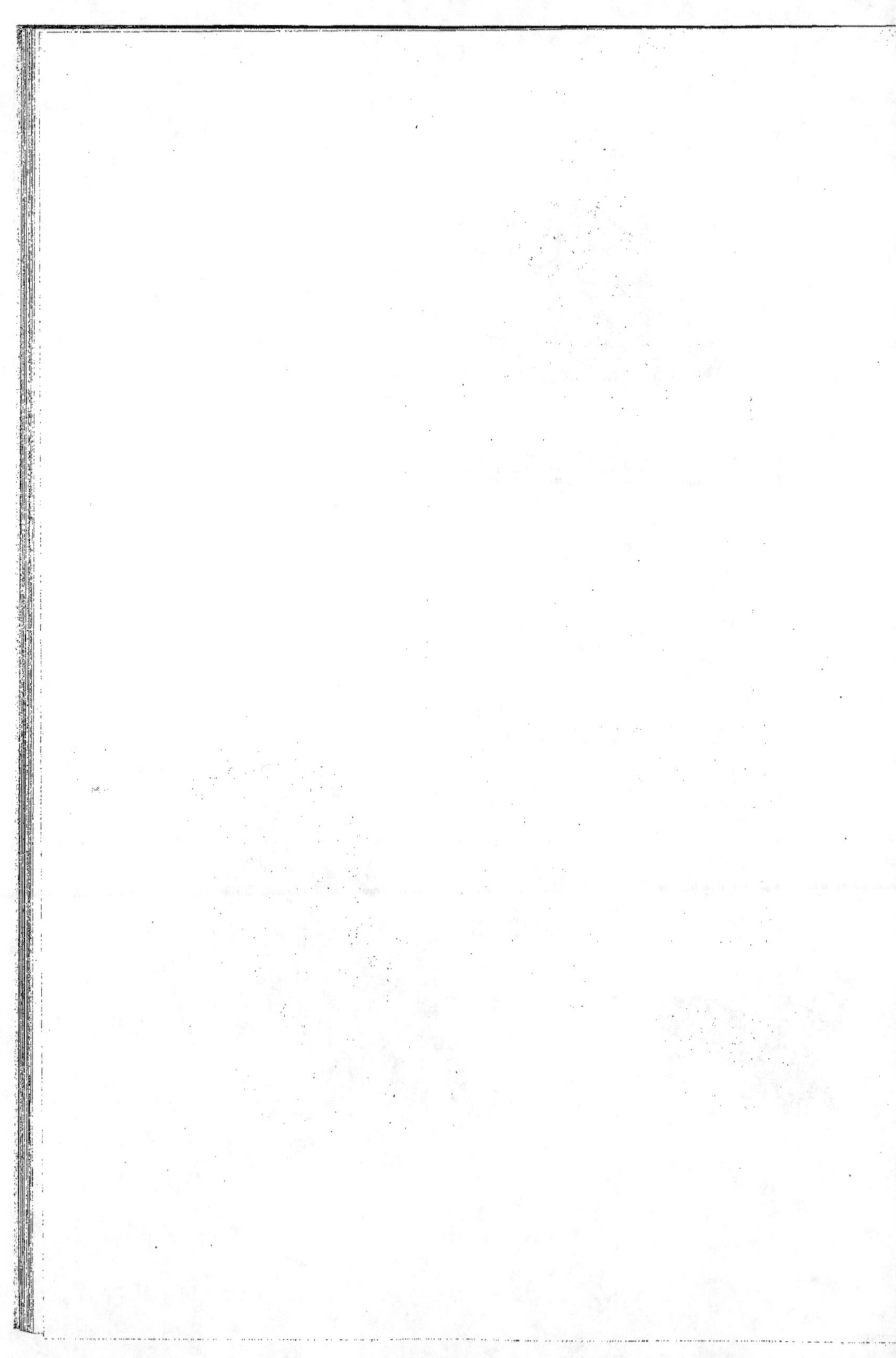

des Machallahs rendue plus crue par la
réverbération des tuniques et des serviettes
blanches entourant le cou des *pénitents*,
d'où émergeaient, mèches au vent, leurs têtes
scalpées, rougies de sang comme celles des
décapités que l'on aurait placées dans des
serviettes pour mieux les emporter...à l'am-
phithéâtre...

Au bout de vingt minutes de marche nous
arrivons devant la porte de la maison hospi-
talière des persans, le tékieh, où nous avions
été la veille.

Un riche persan, un des notables, Mouhammad Rafi, un beau persan de
Montesquieu, par sa politesse et son tact
exquis, nous fait entrer dans la cour du
tékieh, où brillent les mille feux d'innom-
brables bougies, où scintillent deux énormes
lustres qui ont la prétention de s'approcher
de la forme orientale mais qui jurent
par leur origine trop européenne dans ce
milieu oriental que j'aurais bien voulu
entouré d'un peu plus de mystère, ou tout
au moins éclairé d'une manière plus discrète.

Un bruit confus se fait entendre pareil
au murmure lointain de la vague qui défer-
le.....puis ce sont des vociférations, des cris,
des appels, quelque chose comme le souffle
haletant des tempêtes, enfin la grande porte
ouvre ses deux battants, et dans l'apothéose
de l'embrasement des torches, la horde
hurlante et maculée apparaît, aux cris répétés
par mille poitrines : Hussein, Hussein,
Hussein ! — Les fidèles se mettent en cercle
tenant toujours leurs armes sanglantes; au
milieu d'eux, sur un cheval piaffant,
un des petits martyrs brandit son coutelas et crie : Hussein. On a de la peine
à le faire descendre de sa monture; il crie

toujours... les autres se tailladent encore;
on les désarme avec peine en leur soufflant
aux oreilles de mystérieuses paroles, on
les déshypnotise et on leur prend les armes
en les caressant, puis les conducteurs de
la procession, avec un calme imperturbable,
leur passent des éponges sur le front....
pendant que les récalcitrants trop surexcités
sont vigoureusement poussés dans une salle
basse où l'on arrive à les calmer au bout
d'un certain temps, quand ils ne se calment
pas d'eux mêmes, en s'évanouissant.

Les derviches psalmodient leur prière
énervante.....

Tout s'est calmé....

Tout s'évanouit comme par enchantement..

Et ce mouton noir, ce bélier, ce bouc
expiatoire chargé de toutes les malédictions,
ce souvenir de l'ancienne religion de Zoroas-
tre, ce bélier noir, Dieu du mal, l'Ahrimane
du Zend Avesta........ce bon bouc émissaire
sur lequel devait se ruer ces furieux......
hélas.... il n'y en a point .... et, si récem-
ment, d'illustres écrivains ont prétendu le
voir égorger...... ils ne l'ont vu, que dans
leur rêve..... de poète.

Je demandai, timidement, bien timidement,
mon mouton à un charmant jeune homme
persan,—

« Oh, Monsieur, me répondit-il, dans un
français bien parisien.... le mouton ? allons
donc, ça ne s'est jamais fait..... c'est une
pure.... invention ... je dirai même qu'on
a voulu vous mystifier.... »

Je n'avais plus rien à dire et m'en allai
bien vite reprendre ma place, honteux
d'avoir passé dans l'esprit du jeune persan
pour un mouton.... pas expiatoire mais un
de ceux de Panurge.

—12—

De cette scène in-
fernale il ne restait
plus que quelques lam-
beaux de chiffons
blancs tachés de sang
coagulé et gisant à
terre.

Ceux des mutilés
qui n'ont point perdu
leur force, comme l'on
dit vulgairement—*au
bout de leur sang*—viennent, le front ban-
dé, s'accroupir en rond autour d'un grand cercle dont le centre est occupé par un des
enfants si exaltés de tout à l'heure.

Il est là, accroupi, la tête enveloppée de
linges qui se teignent en rose, l'air farouche
et vainqueur, promenant des yeux hagards et
félins.

Quelques uns parmi les forcenés d'il y a un
instant s'empressent d'offrir, eux-mêmes, le
café avec une gravité étonnante, sans aucune
trace d'altération dans les traits de leur
visage, si ce n'est une légère pâleur qui
trahit la fatigue éprouvée.

Un de mes compagnons croit reconnaître
au milieu d'eux quelques boutiquiers du
Khan-Oul-Khalil ; ce sont, me dit-il, de bien
estimables marchands.

Profitant des prévenances dont nous sommes l'objet de la part de l'un d'eux, nous pouvons tenir dans nos mains les sabres, poignards et coutelas avec lesquesl il se sont si bien tailladés. Nous avons pu constater que toutes ces lames sont aussi tranchantes que ce fameux sabre avec lequel le sultan Saladin coupait des oreilles au vol sous la tente de Richard-Cœur-de-Lion !

Du haut de son Mambar le fakira conte encore la mort de Hussein en entrecoupant son récit de quelques couplets du Korâan qu'il chante en sourdine... Et l'on pleure en se frappant le front.

Pendant ce temps, un chat apparait dans un trou du mur et la frimousse ébouriffée d'une femme regarde la scène par la petite fenêtre dentellée d'une machrabiyah; des colombes, éveillées par le bruit des saturnales, effarées par le scintillement des lumières, tournoient dans la cour et s'arrêtent sur les poutres en roucoulant quand même leurs amours.

La Illaha Illallah

Mouhammad Raçoul Allah !

La prière est dite.... et comme tout doit avoir une fin, même les enthousiasmes, eette cérémonie se termine comme dans

le meilleurdes mondes possibles, en tous cas
le plus tolérant, par une tasse de café, ou
un verre de charbat, et les ronflements des
narghilehs où fume le tombak en spirales
opalines.

Octobre 1888

W. ABBATE
correspondant spécial du
MONDE ILLUSTRÉ
AU CAIRE

TYPO-LITHOGRAPHIE FRANCO-ÉGYPTIENNE

RUE DE L'ANCIEN-TRIBUNAL

ANTOUN JOUSSEF LOUTFY & J. ASSAFF

ÉDITEURS

طبـع بالمطبعة الافرنسيه المصريه

خاصه

انطون يوسف لطفي ويوسف آصاف

على عهدتهما

بمصر القاهرة

سنة

١٨٨٨

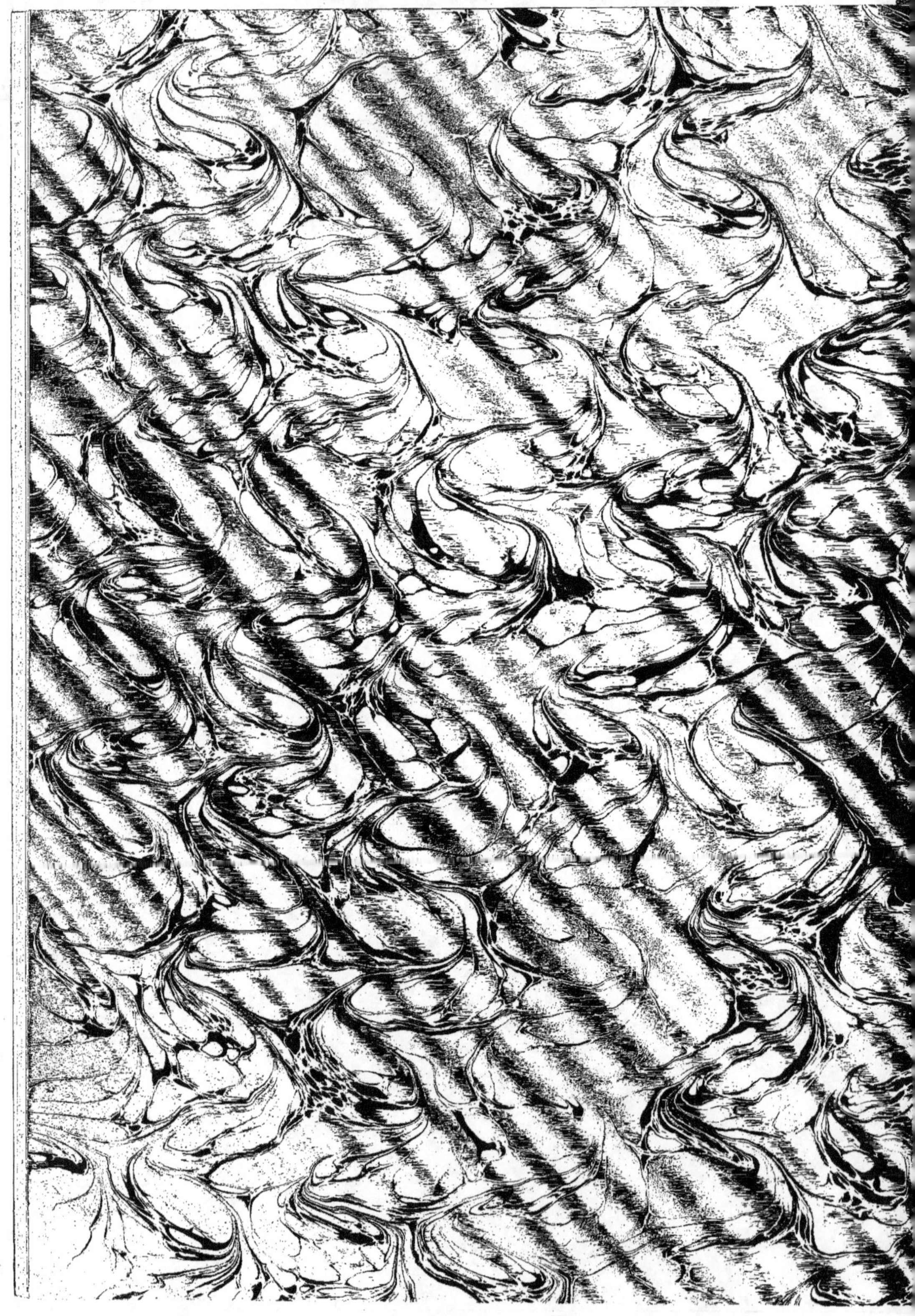

BIBLIOTHEQUE NATIONALE DE FRANCE
3 7531 03963066 1